THÈSE

POUR LA LICENCE.

1855.

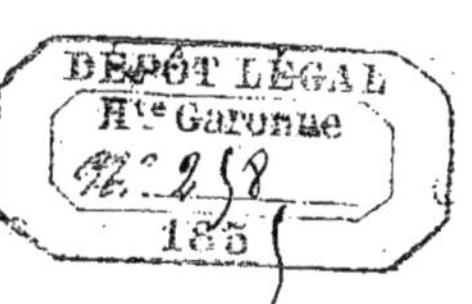

A MON PÈRE, A MA MÈRE,

A mon Frère, à mes Sœurs.

THÈSE
Pour la Licence,

EN EXÉCUTION DE L'ART. 4 , TIT. II DE LA LOI DU 22 VENTÔSE, AN XII,

SOUTENUE

PAR

M. Charles BEIGBEDER,

né à Jurançou (Basses-Pyrénées).

JUS ROMANUM.

DE DUOBUS REIS STIPULANDI ET PROMITTENDI.

INST., lib. III, tit. 16.— PAND., lib. XLV, tit. 2,
— Cod., lib VIII, tit. 40.

Scimus quid sit stipulatio aut verbis obligatio. Scilicet ex in-
terrogatione et responsione contrahitur , cum quis interrogatus

1855

promittis? respondet *promitto.* Et ille est primus et quasi simplex
stipulandi modus, qui duorum tantum non plurium fit consensu
Natum verò hominem ut cum cœteris societatis vinculo jungere-
tur, et imbellem, si solus vitæ pericula iniret, suaque imbecilli-
tas et secretus naturæ monitus societatique laboris excellentia
compulerunt; ut virium, operarum, vitæ totius communicatio fie-
ret. Hinc vetera illa societatis vincula immotusque adeo humani
generis consensus ut nihil sine illo grande, nihil extra illum glo-
riosum factum esse dicatur.

Solerti ingenio fortunæ munera sæpius non adæquantur, ut
non semel videre sit opibus exiguum quemdam solertia verò et
subtilitate vigentem, qui, si aliquo pecuniæ auxilio sustentaretur,
res lucrativas moliri divesque fieri posset. Rogatæ verò pecuniæ
negantur, cum parva sit paupertati fides. Duo ergo societatem
ineunt pecuniamque rogant, et, crescente auctoritate, crescente
fide, quod uni denegatum erat, duo facillisne obtinent. Centnm
millia sestertia, ut putà, rogantes, sanè separatim creditor allo-
cutus, sic interrogare poterit. Quinquaginta millia sestertia dare
spondes? Majorem tamen securitate mutuam pecuniam traditu-
rus, si vel ab uno eorum solidum petere possit. Ità enim, si alter solvendo non sit, ne dimidia quidem mutui pars amittetur,
dummodo in totum alter sit idoneus.

Jam facilè videre est quantum et stipulantibus et promitten-
tibus commodum ex mutua illa auctoritate contingat, cum faci-
lius illi pecuniam recuperunt, hi verò accipiant.

Hæc est in solidum quæ dicitur obligatio et illi qui promittunt
correi promittendi dicuntur,

Ut verò promittendi sic et stipulandi duo rei fieri possunt; et
unusquisque agere solidumque exigere potest, dicunturque correi
stipulandi.

Num ergo videamus quæ regulæ tum in duobus reis promittendi , tum in duobus reis stipulandi præcipuè emineant.

1° *De duobus reis promittendi.*

Ex Justiniani institutionibus, duo pluresve rei promittendi ità fiunt : *Mevi quinque areos dare spondes ? Sei eosdem quinque areos dare spondes?* Si respondeant separatìm *spondeo*, et , his verbis obligatione contractâ, duo pluresve in solidum tenentur, Quod si, ut ex Ulpiani fragmento constat, ante prior responderit et posterior ex intervallo accipiatur, est tamen obligatio in solidum. Si verò, ut ait Venuleius (fr. 13, D., lib. 45, tit. 2), ex duobus qui promissuri sint hodiè alter, alter posterâ die responderit, non sunt duo rei, ac ne obligatus quidem intelligitur ille qui postera die responderit, cum actor vel promissor ade alia negotia discesserint.

Sed priùs quasi universam rei summam proponamus , ut ad alia deindè et singularia, romanis autoribus innixi , transeamus.

Et primum, hæc est prœcipua et quasi unica rei regula : ipso jure et singuli in solidum debentur, et singuli debent (Jav. fr. 2 dicto tit.). Si verò ad novellam XCIX veniamus, mutato jure antiquo , constat, tunc etiam cum duo vel plures rei promittendi sint, dividi posse obligationem et proprium cujus cumque fieri onus. Contrahi enim solet obligatio in solidum in id tantum , ut nullum actor damnum sustineat et ideò non priùs poterit creditor à cunctis solidum petere quam pro sua quemque parte convenerit et alicuis solvendo non sit vel absens inventus. Quod dicitur *beneficium divisionis.* Vetus tamen jus non mutatur servaturque pactum, si aliquid tale adjectum sit : *Unumquemque teneri in solidum.*

Quod verò diximus, in solidum singulos debere , in mota lex est in omnibus aliis : etiamsi enim, ex duobus reis promittendi, alter in die vel sub conditione, alter purè obligatus sit, non impedimento erit dies vel conditio, quominùs ab eo qui purè obligatus est, non priùs exigi poterit quàm venerit dies, aut cessaverit pendere conditio.

Nunc aliquid de exceptionibus loquamur quæ competunt debitoribus.

Sunt exceptiones quædam omnibus debitoribus communes. Si, verbi gratiâ, turpis sit stipulatio , nullius est momenti Item, si alter debitum solverit, omnes liberati censentur. Si verò, alter vel capite deminutus vel interdictus sit, solus exemptus dicitur obligatione, cœterique pro totâ pecuniâ durant obligati. Fieri denique potest ut, cum uni tantum ex debitoribus actio data sit et a sua ille parte liberetur, pars eadem cœteris in debito aboleatur. Nam, si duo rei promittendi socii sint, proderit alteri et veniet in compensationem quod stipulator alteri reo pecuniam debet.

Si quis inter debitores pupillus sine tutoris auctoritate promiserit, non obligatum pupillum Julianus scribit ; si a servo stipulatus quis fuerit, idem observari placebat.

Nunc vero ad secundam regulam transeamus : ex solidum singuli debentur ; quæ illo Gaii fragmento mitigata quodammodo videtur : si semel unus egerit, alteri promissor offerendo pecuniam, nihil agit (G. l. 16, De duobus reis, etc.). Et facilè quidem intelligitur illius interesse qui semel egerit sibi non correo stipulandi solo pecuniam. Immeritum enim damnum sustineret, quippè qui negligentiæ argui non posset, si correus stipulandi solvendo non esset.

Cum vel ab uno promittendi correorum possit solidum peti , non dubium est quin partes a singulis peti possint.

Si verò unus debitum totum solverit, quæ adversus correos promittendi actio illi cumpetet? Quod ad creditorem pertinet, solutione unius, ut ait Ulpianus, tota solvitur obligatio. Ille verò qui solvit, creditorisne in locum substituetur, cæteris promittendi in solidum, ut ante, debentibus, an contra pro virili parte singuli obligati videbuntur? Scilicet, creditori promissor, qui pecuniam totam solverit, succedet et in illius locum subrogabitur, poterit que vel a uno correorum promittendi solidum petere, detracta parte illa qua ipsa obligatus fuerat, si modo beneficio divisionis correi promittendi renunciaverint. Nam si non renunciaverint, non poterit ab uno eorum solidum peti, sed partes à singulis petentur et insuper singuli in illud tenebuntur quod ab aliis minùs idoneis accipere ille non potuerit.

2° *De duobus reis stipulandi.*

Scimus plures reos stipulandi fieri possi, ut puta, cum duobus separatim stipulantibus promissor respondeat : *Utrique vestrùm dare spondeo* ; nam si priùs Titio spoponderit, deinde alio interrogante spondeat, alia atque alia erit obligatio (Inst. T 16 ad prœmium.)

Quæ sit materiæ summa et veluti fundamentum jam satis proposuimus : in solidum singulos deberi. Si verò tabulis sit comprehensum illum et illum centum aureos stipulatos, neque adjectum, ità ut duo rei stipulandi essent, virilem partem singuli stipulati videntur (Pap. fr. 11, § 1, de duobus, etc).

Uni ex correis stipulandi liberum est vel novare, vel delegare

obligationem, vel etiam, nulla accepta pecunia debitum remitte-
re, si modo cœteris rationem referat.

Si vel ab uno ex stipulatoribus præscriptio actione interrupta
sit, cunctis proderit actio.

Nunc vero exponantur quæ regulæ in dividendo debito observari debeant cum uni ex creditoribus solutum sit. Quod si juris
meram strictamque rationem sequamur, si duo rei stipulandi
sint, non proderit alteri quod promissor alteri reo pecuniam
totam dederit. Sed actiones illis, competebant, si socii esset, tum
actio pro socio, tum actio mandat.

Non inutile tandem videtur ut aliqua de natura contraetus in
solidum dicamus.

(Quæ sit præcipuè natura contractus in solidum.)

Cum duo rei vel promittendi vel stipulandi facti sint, an unica
sit obligatio peti potest, an tantum verbis stipulationis non cœteris contractibus fieri duo rei possint.

Si quæ sit contractus finis præcipuè consideretur, unica obligatio mertto dici potest; si verò, quæ inter stipulatores et pro-
missores varia vincula esse possint, tot esse obligationes quot
personæ videbuntur. Et eadem quidem res a cunctis debetur,
multæ verò personæ singulatìm obligantur. Quæ quam vera sint
e variis Digestorum fragmentis eminet. Ut puta, si ex illis qui
promiserint unus adhuc in tutela sit, non obligatus ille censetur
nec tamen perimitur obligatio, item, si unus capitis deminutione
exemptus est obligatione, non liberantur cœteri. Vere ergo dici
potest duplicem esse obligationis in solidum naturam, quæ modo
simplex et unica, modo complexa videbitur, proüt finis ejus,
aut obligatæ personæ vicissìm considerentur.

Non verbis tantum sed et cæteris contractibus et etiam quasi
contractibus duos reos promittendi et stipulandi fieri posse ratio
simul et jurisconsultorum scripta commonent. « Eamdem rem,

ait Papinianus, fr. 9, dicto titulo , apud duos pariter deposui , utriusque fidem in solidum secutus, vel eamdem rem duobus similiter commodavi : fiunt duo rei promittendi.» Eumque de re vel deposita vel commodata intellexerit , adjicit et aliis contractibus obligationem in solidum fieri posse « veluti emptione , venditione, locatione , conductione , testamento.»

Obligatio illa in solidum de qua hactenus tractavimus ut propositam materiam sequeremur , a conventionibus descendit. Sed est alia quædam quæ vel facti vel debiti ipsa natura aliquando existere potest , ut puta si multi vel scelus, vel delictum admiserunt , vel , communi culpa, alicui detrimentum attulerunt. Tunc enim sic cuncti in solidum tenentur , ut ab uno etiam pæna repeti possit.

CODE NAPOLÉON.

DE LA PROPRIÉTÉ,

(art. 544 a 564)

Section I.

Considérations générales sur le droit de Propriété.

Peu de questions ont été, dans ces derniers temps surtout, aussi vivement débattues que la question de propriété. Les solutions et les théories les plus diverses ont été posées ; les systèmes les plus contradictoires se sont fait jour : tout a été dit. La propriété, qui le croirait ! a été en butte aux attaques les plus ardentes et les plus passionnées , et ce n'est pas sans regret que nous avons vu , il n'y a pas longtemps, des publicistes d'un talent recommandable , réunir tous leurs efforts pour contester sa légitimité. Débrouillons un instant ce chaos et tâchons d'en faire jaillir quelques idées bien simples, quelques principes bien certains, qui jalonneront notre marche dans un travail que les fausses théories ont rendu si difficile.

« La propriété sur le monde physique, a écrit M. Lermi-
» nier, est le développement nécessaire de la liberté; sans la
» propriété, la puissance de l'homme ne serait pas prouvée. »
M. Cousin et son école assignent le même fondement au droit de
propriété. Et en effet, qu'est-ce que la propriété, si ce n'est la matière dominée par la puissante liberté de l'homme? Le droit de
propriété, lui aussi, n'est-il pas le droit inviolable de cette
même liberté, d'être respectée dans son œuvre de domina-
tion?

Dans le principe, la terre n'appartenait sans doute à personne; elle n'était, suivant l'expression du célèbre orateur ro-
main, qu'un « vaste théâtre que le Tout-Puissant avait disposé
» avec une bonté et une sagesse infinie pour les plaisirs et les
» travaux de l'humanité toute entière, et où chacun avait le
» droit de se placer comme spectateur et de remplir son rôle
» comme acteur. »
Dans ces premiers temps, alors que quelques tribus à peine
peuplaient le globe, l'homme cherchant à satisfaire ses besoins
et à veiller à sa conservation, s'empare du sol qu'il défriche, le
cultive, et s'approprie ensuite les fruits que cette culture a produits. Ces premières productions, il les étend par son travail, et les améliore par son intelligence. Le champ ingrat et
stérile dont il vient de s'emparer, il le féconde de ses sueurs;
il y place son empreinte, son cachet, sa personnalité, et
l'humanise en quelque sorte. Aussi, quoi de plus naturel et de
plus légitime que ce qu'il a transformé, que ce qui lui a
coûté toute une vie de fatigue et de labeurs, devienne
pour lui un patrimoine aussi respectable et aussi sa-
cré que sa propre liberté? N'ayons donc plus le triste
courage d'accuser de vol celui qui le premier songea à s'emparer de la terre et à la féconder de son travail; celui-là rendit

un véritable service à l'humanité et marcha d'un pas ferme
vers la civilisation.

Le droit inviolable de propriété serait nne illusion s'il ne
pouvait être transmis. Le genre humain se perpétue, en effet,
par la famille, et si l'homme ne peut céder à ses enfants les
biens qu'il a acquis, son cœur ne sera jamais satisfait. Il tra-
vaille une partie de sa vie, le plus souvent jusques dans ses
vieux jours, pour assurer un patrimoine à ses enfants : ses
enfants! c'est sur eux que reposent toutes ses affections. L'es-
poir qu'il pourra leur transmettre ce qu'il receuillera l'encou-
rage dans ses veilles et ses fatigues : brisez-le, et vous briserez
par là même sa féconde activité. Non, non, l'héritage est une
loi naturelle et nécessaire que la législation civile doit recon-
naître et ne peut pas changer. Pour détruire l'héritage, il fau-
drait auparavant détruire la famille.

Partout et toujours l'on retrouve des traces du droit indi-
viduel de propriété. Ce n'est pas la loi, ce ne sont point des
conventions sociales qui l'ont créé, il derive des sources les
plus pures du droit naturel.

« Le principe du droit de propriété, disait M. Portalis dans
» son rapport au Corps législatif, est en nous : il n'est point
» le résultat d'une convention humaine ou d'une loi positive; il
» il est dans la constitution même de notre être et dans les
» différentes relations avec les objets qui nous environnent. »
Examinons donc comment le droit de propriété que l'on retrouve
universellement a été compris dans l'antiquité et au moyen-
âge.

A Rome, l'*Ager publicus*, fruit de la conquête devenait le domaine de la République ; une partie était vendue au profit du
trésor, une autre concédée aux citoyens moyennant une rede-
vance et un fermage. mais la République retenait la propriété du

fonds; les citoyens n'avaient ainsi que la *possession*, ils n'avaient pas la *propriété*. Or, nous le savons, la possession est un fait, la propriété est un droit. Disons-le aussi : la propriété ne s'appliqua pas simplement aux choses, elle s'étendit encore sur les hommes. L'esclavage, cette institution barbare, fut de bonne heure organisé. Rigoureusement appliqué dans le principe, il dut quelques tempéraments à la sagesse des préteurs pour s'évanouir enfin, sous l'influence des bienfaisantes doctrines du christianisme.

En France, la féodalité modifie profondément la propriété. Le seigneur est propriétaire exclusif de tous les biens compris dans le ressort de sa suzeraineté; les sujets ne détiennent leurs biens qu'à titre précaire et comme un effet de sa générosité, en sorte que lorsque l'un d'eux meurt, ses biens sont censés revenir au seigneur comme à leur maitre primitif.

Sous ce régime, la souveraineté et la propriété sont étroitement liées; chaque prince, en effet, cherche, dans ses états, à s'arroger des droits sur les terres des particuliers et à s'attribuer le domaine absolu de toutes les choses publiques.

Les efforts de nos rois affaiblirent considérablement le système féodal, auquel l'affranchissement des communes avait porté déjà un grand coup; la révolution de 1789, en proclamant le grand principe de l'égalité du droit de propriété, vint en balayer les derniers vestiges.

Le clergé avait possédé d'immenses biens, elle l'en dépouilla. On lui en a fait un crime; peut-être ne serait-il pas impossible de la justifier? Le clergé, en effet, avait possédé comme être collectif, comme personne morale reconnue dans l'Etat; c'est cette qualité qui légitimait son titre de propriétaire. Mais la révolution ayant substitué le principe d'individualité au principe de corporation, ne reconnaissant plus dans le clergé que des individus, citoyens ou fonctionnaires publics, l'ayant, en un mot, réduit *à ses premiers éléments,* comme disait Mirabeau à l'Assemblée constituante, le rapport de la chose à la personne, qui avait soutenu dans le passé la propriété ecclésiastique, n'existait plus, n'était plus possible; les biens avaient perdu leur propriétaire légitime. M. Laferrière, de l'Institut, Inspecteur général de l'ordre du droit, a développé cette doctrine avec une grande chaleur de style et de conviction dans son excellent ouvrage sur l'*Histoire des principes, des institutions et des lois de la Révolution française.*

Section. II.

Des différentes manières d'acquérir la propriété.

Parlons maintenant des lois qui régissent la propriété, en suivant pour cela l'ordre établi par le Code.

La propriété, dit l'art. 544, est le droit de jouir et de disposer des choses de la manière la plus absolue pourvu qu'on n'en fasse pas un usage prohibé par les réglemens. La propriété est le droit le plus étendu que l'on puisse avoir sur une chose; ses principaux attributs sont : la jouissance, l'abus et la disposition. Si absolu que soit ce droit, il reçoit cependant quelques exceptions. L'art. 545 nous en offre un exemple : c'est l'expropriation pour cause d'utilité publique. Cette exception n'est pas unique; les lois administratives en renferment d'autres, dont nous parlerons dans notre épreuve orale.

Du droit d'accession sur ce qui est produit par la chose.

On entend par droit d'accession la propriété que le maître

d'une chose acquiert, par la seule qualité, sur ce qui est produit par sa chose, et sur ce qui vient s'y unir accessoirement.

L'accession est reconnue par la loi comme mode d'acquérir la propriété. Les produits de l'accession, telle qu'elle est envisagée sous cette rubrique, sont les fruits et le croît des animaux. Les fruits se divisent en fruits naturels, industriels et civils. Les premiers s'obtiennent par la jouissance de la chose sans l'intervention de la main de l'homme. Les seconds ne peuvent être perçus que par la culture. Les fruits civils sont seulement une valeur représentative de la chose, tels que les loyers des maisons, les arrérages des rentes... etc. (547).

Nul ne doit s'enrichir aux dépens d'autrui; tel est le principe qui domine toute cette matière. Le propriétaire d'un fonds ne peut s'approprier les fruits que ce fonds a produits qu'à la charge de rembourser les frais de labours, travaux et semences faites par des tiers (548). S'il remplit ces conditions, les fruits doivent lui être restitués. Le possesseur de bonne foi ne sera pas soumis à cette restitution : il serait injuste que le propriétaire qui a négligé sa chose vînt lui enlever les fruits qu'il a fait naître par sa bonne administration; mais la bonne foi est indispensable. Quand le possesseur est-il de bonne foi? L'art. 550 exige qu'il possède comme propriétaire en vertu d'un titre translatif de propriété dont il ignore les vices. Un donataire par exemple aura été mis en possession d'un bien par un individu qui n'en était pas propriétaire : s'il ignore cette circonstance il sera de bonne foi.

Du droit d'accession sur ce qui s'unit et s'incorpore à la chose relativement aux choses immobilières.

Le droit d'accession ne s'étend pas seulement sur la chose qu en est l'objet, ou sur les produits de cette chose, il s'étend en-

core sur tout ce qui vient s'unir ou s'incorporer à elle. Relativement aux propriétés immobilières, le droit d'accession a trait :
1° aux ouvrages accessoires faits par la main de l'homme ;
2° aux accroissemens survenus par suite du voisinage des eaux ;
5° aux animaux qui abandonnent leur propriétaire primitif.

La propriété du sol emporte celle du dessus et du dessous
(552). Ce principe, de même que celui qui est énoncé dans
l'art. 544 , souffre quelques exceptions. La plus importante est
celle qui concerne les mines ; le propriétaire d'un fonds sur
lequel se trouve une mine, ne peut l'exploiter qu'après avoir
obtenu un acte de concession délibéré en Conseil-d'Etat. Les
motifs les plus élevés ont fait prescrire au législateur cette
servitude.

Toutes constructions, plantations et ouvrages sur un terrain,
sont présumés faits par le propriétaire, si le contraire n'est
prouvé (555). Examinons les divers cas qui peuvent se produire
1° les ouvrages peuvent avoir été faits par le propriétaire avec
des matériaux qui ne lui appartenaient pas; 2° ils peuvent être
l'œuvre d'un tiers. Dans le premier cas, le propriétaire pourra
être actionné et condamné à payer une indemnité; il pourra
même être condamné à des dommages-intérêts , s'il a été
de mauvaise foi. Le propriétaire des matériaux n'aura jamais le
droit de les enlever. Dans le second , le propriétaire du fonds a
le droit, ou de retenir les matériaux , et alors il donne une
indemnité, ou bien d'obliger le tiers à les enlever. Pourquoi, dans
le premier cas, le tiers n'a-t-il pas le droit de faire enlever ses
matériaux, droit que la loi accorde au propriétaire dans le
second? Cette difficulté n'est pas sérieuse, si l'on réfléchit que le
tiers trouvant dans les dommages-intérêts le moyen de se procurer de nouveaux matériaux, ne doit nullement causer un

préjudice considérable au propriétaire du fonds, tandis que le propriétaire ne trouverait dans aucune indemnité la compensation du tort que lui feraient éprouver les constitutions faites par un tiers.

Tous les accroissements de terre qui se forment insensiblement aux rives d'une rivière font partie de ces rives et appartiennent par droit d'alluvion aux propriétaires riverains. Il n'y a pas d'alluvion, pour les lais et relais de la mer, pour les lacs et étangs ; de même lorsqu'un fleuve, dans son cours impétueux enlève une portion de matériaux pour les reporter sur le terrain d'un autre propriétaire, les principes de l'alluvion ne peuvent être appliqués. Quant aux îles, il faut distinguer : naissent-elles dans une rivière navigable et flottable? Elles appartiennent à l'Etat. Naissent-elles au contraire dans une rivière non navigable ni flottable, elles appartiennent au propriétaire riverain.

Les animaux énumérés dans l'art. 564, meubles par nature , sont immeubles par destination. On ne les possède que par le fonds sur lequel ils se trouvent; *accessio cedit principali*. S'il y a eu fraude, il y aura lieu à indemnité.

CODE DE PROCÉDURE.

PROCÉDURE DEVANT LES TRIBUNAUX DE COMMERCE.

Liv. 2, tit. 25.

L'art. 420 seul.

La procédure en matière commerciale diffère assez en certains points de la procédure ordinaire. Le législateur, en établissant pour elle des règles fort simples, en la dégageant le plus souvent de tout ce que la procédure ordinaire a de lent et de formaliste, a eu surtout en vue de favoriser la célérité et l'économie qui doivent toujours présider aux opérations de commerce.

Avant de nous occuper de cette procédure toute spéciale , il n'est pas sans intérêt de tracer un aperçu historique sur la formation et l'organisation des tribunaux consulaires.

On reconnaissait autrefois deux juridictions commerciales bien distinctes; les amirautés, qni statuaient sur toutes les affaires maritimes , et les juridictions appelées consulaires dont la compétence s'étendait sur toutes les affaires commerciales terrestres. Les amirautés dérivaient de la souveraineté royale et étaient créées par elle ; les juridictions consulaires se composaient, au contraire , comme aujourd'hui de juges électifs. La compé-

tence des amirautés était réglée par l'ordonnance de la marine
de 1681 , la compétence des juridictions consulaires par l'édit
de Charles IX , de 1562 , et l'ordonnance de 1673 sur le commerce.

Cette organisation a été changée par la loi du 16 août 1790 ,
qui a , en principe , supprimé les amirautés comme tribunaux ,
en attribuant aux juridictions consulaires la connaissance de
toutes les affaires commerciales aussi bien maritimes que terrestres.

Les art. 615 et suivants du Code de commerce sont relatifs à
l'organisation des tribunaux de commerce et au mode d'élection
des juges dont ils sont composés. Leur compétence est régie par
les art. 631 et suivants du même Code, du moins leur compétence générale, la compétence *ratione materiæ*. Quand à la
compétence *ratione personæ* , nous la trouvons indiquée dans
l'art. 420.

« Art. 420. Le demandeur pourra assigner à son choix , —
» devant le tribunal du domicile du défendeur , — devant celui
» dans l'arrondissement duquel la promesse a été faite et la
» marchandise livrée , — devant celui dans l'arrondissement
» duquel le paiement devait être effectué. »

Ainsi, un négociant domicilié à Toulouse , qui aura vendu
et livré des marchandises à Toulouse à un acheteur de Pau ,
pourra, anx termes des deux premiers paragraphes de notre
article , assigner à son choix, soit devant le tribunal de commerce de Pau. soit devant le tribunal de Toulouse. Il pourra même,
si dans le contrat il a désigné un lieu pour le paiement, porter
son action devant le tribunal de ce lieu. Ainsi, si dans l'espèce
qui précède , il stipule que son débiteur effectuera son paiement
à Bordeaux, il aura la faculté de l'assigner devant le tribunal
consulaire de cette ville.

En thèse générale, les tribunaux de commerce ne connaissent que des contestations purement personnelles; le §Ier ne fait donc, dans sa disposition, que reproduire cette règle de procédure si connue, qu'en matière purement personnelle, le demandeur doit assigner devant le domicile du défendeur, suivant ce brocard du Palais : *Actor sequitur forum rei*. L'article que nous expliquons étend cette disposition, en permettant au demandeur d'assigner le défendeur devant deux autres tribunaux, celui dans l'arrondissement duquel la promesse a été faite et la marchandise livrée, et celui dans l'arrondissement duquel le paiement devait être effectué.

Le législateur a pensé et avec raison, que le tribunal dans l'arrondissement duquel la promesse a été faite et la marchandise livrée , pourrait plus aisément que tout autre se procurer les documents et pièces nécessaires pour juger le litige. Les deux conditions exprimées dans ce § doivent-elles concourir ou bien peuvent-elles avoir leur effet si on les considère isolément? D'après la jurisprudence de la Cour de cassation, elles doivent se trouver réunies , en sorte que l'absence de l'une anéantirait l'effet de l'autre; le demandeur ne pourrait plus jouir du bénéfice que lui accordent les dispositions de ce §. Quant au tribunal dans l'arrondissement duquel le paiement devait être effectué, la loi a sagement présumé que la partie débitrice en reconnaissant un lieu où elle devrait se libérer, s'en remettait par là même, en cas de contestation, à la décision du tribunal de ce lieu.

Nous l'avons déjà dit, l'incompétence qui résulterait de l'inobservation de notre article, n'est pas cette compétence d'ordre public bouleversant l'ordre des juridictions ordinaires. Elle est au contraire toute d'intérêt privé : c'est une incompétence *ratione personœ*. Aussi doit-elle en matière commerciale comme en matière civile, être proposée dès le début *in limine titis*. Nous trouvons cette règle établie dans la seconde disposition de l'art. 424.

« Si le tribunal est incompétent à raison de la matière, il ren-
» verra les parties encore que le déclinatoire n'ait pas été proposé. Le déclinatoire, pour toute autre cause, ne pourra être
» proposé que préalablement à toute autre défense. »

DROIT CRIMINEL.

De la récidive et de la non cumulation des peines en cas du concours de plusieurs crimes ou délits.

(Cod. pén., 56-58, 484. Cod d'inst crim., art. 565, 579),

Les circonstances qui aggravent en général tous les délits sont au nombre de trois. Les deux premières rentrent dans notre cacadre; ce sont : 1° la récidive; 2° le concours de plusieurs crimes ou délits non encore réprimés.

1re Partie. == *De la Récidive.*

La récidive est la réitération d'une action incriminée par la loi et qui a été l'objet d'une condamnation devenue irrévocable. La récidive est absolue ou spéciale ; elle est absolue quand l'accusé ayant été condamné pour un délit, commet un autre délit quelconque, même d'une nature différente de celle du délit primaire pour lequel il a été déjà puni; spéciale, quand l'accusé retombe dans la même faute, lorsque le fait inculpé constitue le même crime ou délit. La loi punit comme récidive, non pas la succession de deux faits punissables identiques ou différents , mais cette persistance, cette espèce d'habitude que l'accusé a manifestée de faire le mal; on a voulu, quand il s'est joué d'un premier châtiment, garantir la société contre de nouvelles infractions, en le soumettant à une sanction pénale plus forte.

Les art. 56, 57, 58 du Code pénal s'occupent des deux cas de récidive qui peuvent se présenter : nous allons les parcourir d'une manière rapide.

Premier cas. — Le fait qui a entraîné la première condamnation étant un crime, a été suivi d'un autre crime. L'art. 56 élève la peine d'un degré et la porte à un degré supérieur : « Quiconque ayant été condamné à une peine afflictive ou infamante, aura commis un second crime emportant comme peine principale la dégradation civique, sera condamné à la peine du bannissement. » Il est bon de remarquer que la loi ne tient compte que de la nature de la peine qui a été prononcée, et non de la nature du fait ou de la juridiction qui le réprime.

Deuxième cas. — Je suppose que le premier fait dont le prévenu s'est rendu coupable soit un crime, et le second fait postérieur à l'arrêt, un délit, alors l'art. 57 est applicable. Les tribunaux devront ici infliger le maximum de la peine correctionnelle et auront en outre la faculté de l'élever jusqu'au double.

Troisième cas. — Je suppose que le premier fait incriminé ait amené une condamnation correctionnelle, et que le second soit un crime. Cette réciproque de l'art. 57 n'est pas à vrai dire, un cas de récidive ; le législateur a jugé l'aggravation de peine superflue.

Quatrième cas. — C'est le cas où le premier fait et le second sont deux délits. Ici l'art. 58 est applicable.

Ainsi, on le voit, l'échelle des peines varie pour les récidivistes dans des proportions bien précisées. La loi tantôt élève la peine en la portant à celle du degré supérieur, tantôt étend sa durée de manière à établir pour *minimum* le *maximum* et pour *maximum*, le double du *maximum* ordinaire.

D'après l'art. 52 du décret du 17 février 1852 sur la presse, un cas de récidive commis dans l'espace de deux ans pour délit ou contravention de presse entraîne de plein droit la suppression du journal.

Quelqnes mots sur la récidive en matière de simple contravention. D'après l'art. 483, il faut pour qu'il y ait récidive punissable : 1° qu'une première condamnation ait été prononcée pour une contravention de police ; 2° que les deux contraventions aient été commises dans le ressort du même tribunal ; 3° que la nouvelle contravention soit intervenue dans les douze mois qui ont suivi le précédent jugement ; 4° que la nouvelle contraveniton soit réprimée par les dispositions du IV° liv. dn Code Pénal.

2ᶜ Partie. — *De la non-cumulation des peines.*

Admettons que plusienrs crimes ou délits aient été commis sans qn'un sujet d'aucun, il soit intervenu un jugement comment devra-t-on répartir les peines à propos de tous. Faudra-t-il comme dans notre ancien Droit les considérer isolément, et leur appliquer cumulativement le peines différentes que chacun aura encourues, où bien les envisageant que dans leur ensemble faudra-t-il les punir par une seule peine? Cette question n'en est pas une, depuis que nos législateurs ont adopté le principe du non-cumul des peines. Les art. 365 et 379 du C. d'instruction crim. s'occupent de cette matière.

Une personne se rend coupable de plusieurs crimes ou délits entraînant la même peine. Que devra faire le juge? il n'en appliquera qu'une seule en se roulant dans les limites ordinaires du *minimum* au *maximum*. Mais si la loi inflige des peines inégales pour ces crimes et délits, ce sera la peine la plus forte qu'il devra alors appliquer.

La loi fait exception en matière de douanes, de contributions indirectes et de délits spéciaux forestiers, elle permet ici la cumulation des peines par une raison toute fiscale.

Dans les simples contraventions la cumulation des peines est aussi admise, c'est là une jurisprudence consacrée par la Cour Suprême. Quant aux délits de chasse, il faut d'après l'art. 17 de la loi du 5 mai 1844, appliquer les principes de la cumulation.

Cette Thèse sera soutenue, dans une des salles de la Faculté, le 2 août 1855.

Le président de la thèse,

CHAUVEAU ADOLPHE.

Imprimerie de BELLEGARRIGUE, rue des Filatiers, 40.